Inhalt

Facility Management

<u>Kernthesen</u>

<u>Beitrag</u>

<u>Fallbeispiele</u>

<u>Weiterführende Literatur</u>

<u>Impressum</u>

GENIOS WirtschaftsWissen Nr. 10/2003 vom 28.10.2003

Facility Management

M.Sydow

Kernthesen

- Geeignetes Facility Management soll möglichst rasch Kosten eindämmen und Teilbereiche auslagern, damit die Konzentration auf das Kerngeschäft umgesetzt werden kann. (1), (3), (8)
- Vor der Einführung von Facility Management ist eine detaillierte Analyse der Finanzierbarkeit sowie der Folge- und der Nutzungskosten unabdingbar. (4), (5), (6)
- Staat und Unternehmen lagern immer mehr Dienste rund um ihr Gebäude aus. (7), (9)
- In Deutschland wird Facility Management bisher hauptsächlich von hauseigenen Abteilungen erbracht. (2), (11)

Beitrag

Facility Management ist eine ganzheitliche Betrachtung aller Vorgänge in und um ein Gebäude, die zu dessen Erhalt und Betrieb unerlässlich sind. Diese Leistungen gehören nicht zum Kerngeschäft des Unternehmens. Als Nebentätigkeiten stellen sie allerdings einen sehr hohen Kostenfaktor dar: Die Unterhaltskosten, das heißt sowohl die Betriebs- als auch die Instandsetzungskosten einer Immobilie - über ihren gesamten Lebenszyklus hinweg - übertreffen nämlich die Baukosten um ein Vielfaches. (3), (8)

Warum ist Facility Management notwendig?

Produktionsabläufe und Zielsetzungen des Kerngeschäftes werden üblicherweise immer wieder optimiert. Nicht so der Unterhalt von Gebäuden. Dies liegt unter anderem darin begründet, dass die Unternehmen ihren Fokus bei der Optimierung von Abläufen auf den Bereich ihrer Kernkompetenzen setzen. (2)

Viele Unternehmen gestalten daher neben ihrem

Kerngeschäft sämtliche Nebentätigkeiten rund um das Gebäude nach wie vor selbst. Dafür gibt es in der Regel eigene Abteilungen, die mit dieser Aufgabe betraut sind. Durch geeignetes Facility Management wäre es jedoch möglich, sich erfolgreicher für die eigentlichen Kernbereiche einzusetzen beziehungsweise sich auf diese zu konzentrieren. (2)

Facility Management ist somit als ganzheitliche und strategische Dienstleistung zu verstehen, wodurch Unternehmen ihr eigenes Anlagevermögen sowie interne Dienstleistungen aktiv steuern und so erheblich betriebsbedingte Unterhaltskosten senken können.

Weshalb wird Facility Management von Unternehmen zunehmend genutzt?

Aufgrund des wirtschaftlichen Abschwungs wächst der Kostendruck auf die Kerngeschäfte der Unternehmen. Zugleich sinken die Erträge, so dass nach Kosteneinsparungspotentialen gesucht wird. Hinzu kommt, dass betriebliche Instandhaltungskosten wie auch der Energieverbrauch zunehmen. Kosteneinsparungen sind somit das vorherrschende Argument, nach Möglichkeiten wie der des Facility Managements zu suchen und diese umzusetzen.

Welche Bereiche gehören klassischerweise zum Facility Management?

In Abgrenzung zum Gebäudemanagement umfasst das Facility Management den gesamten Lebenszyklus einer Immobilie. Das heißt eine umfassende Überwachung und Betreuung von Gebäuden vom Neubau über die Nutzung bis hin zum Abbruch. Das infrastrukturelle Facility Management hingegen kümmert sich um Bereiche wie die Reinigung der Räumlichkeiten, die Wäscherei, die Entsorgung oder das Catering. Administrative Tätigkeiten wie die Kostenrechnung, die Raumplanung, die Leistungsabrechnung bleiben jedoch im Bereich des kaufmännischen Managements. Schließlich stellt das technische Facility Management beispielsweise die Funktionsfähigkeit technischer Anlagen sicher. [5], [6]

Wie kann Facility Management

umgesetzt werden?

Eine detaillierte Analyse ist Voraussetzung für die Umsetzung von Maßnahmen im Facility Management. Hierzu gehört vorweg eine genaue Basisanalyse, die den Ist-Zustand herausarbeitet und den SollZustand beschreibt. Die daraus erarbeiteten Optimierungsvorschläge werden in einem Maßnahmenkatalog zusammengefasst. Die Umsetzung dieser Vorschläge ist allerdings in Abhängigkeit von der Finanzierbarkeit sowie den Folge- und Nutzungskosten zu betrachten.

Im nächsten Schritt folgt eine Betriebskostenanalyse, welche das Nutzungskostenmanagement umfasst. Bei der Nutzungskostenermittlung wird sichergestellt, dass Kostentransparenz vorliegt. Anschließend wird herausgearbeitet, ob Kosteneinsparungspotentiale vorhanden sind.

Die daran anschließende Outsourcinganalyse bewertet, ob und in welchem Umfang Teilbereiche fremdvergeben werden können. Dabei sollten nicht nur die ermittelten Kosteneinsparungen eine Rolle spielen, denn die Gewährleistung der Betriebssicherheit sowie gängiger Qualitätsstandards muss immer sichergestellt sein. Eine fortlaufende Qualitätskontrolle ist daher nach der Auftragsvergabe unabdingbar.

Außerdem ist der Einsatz von EDV Systemen für Facility Management ein unverzichtbares Hilfsmittel beim Immobilienmanagement. Das CAFM (Computer Aided Facility Management) dient der computergestützten Anlagenverwaltung. Damit wird die Planung und Kontrolle, sowie die Steuerung der Ressourcenverwendung in einem Unternehmen abgestimmt. Bei der Wahl eines derartigen Softwaresystems zur Unterstützung sollten neben den Kosten aber auch Aspekte wie die Erweiterbarkeit oder die Anwenderfreundlichkeit Berücksichtigung finden. (4), (5), (6)

Fallbeispiele

Das Facility-Management-Unternehmen Wisag bietet den Kunden sowohl die Übernahme des Sicherheitsdienstes als auch der Gebäudereinigung an. Die Kombination beider Dienstleistungen setzt auf Synergieeffekte: Die Sicherheitsmitarbeiter stellen während ihrer Runde die Papierkörbe für die Reinigungskräfte in den Eingangsbereich. Ab einer bestimmten Unternehmensgröße sind solche Überlegungen kostenreduzierend. (5)

Procter & Gamble (P&G) hat sein Facility Management an Jones Lang LaSalle vergeben. Die Vereinbarung umfasst die globale Betreuung aller Immobilien von P&G, d. h. alle Standorte in etwa 60 Ländern werden künftig aus einer Hand betreut. Umfassende Betreuung schließt hierbei sowohl die strategische Standortplanung als auch zahlreiche weitere Dienstleistungen mit ein. Damit ist der vorerst fünfjährige Vertrag zwischen P&G und Jones Lang LaSalle eines der weiträumigsten und auch umfassendsten Facility Management-Projekte. (7)

KarstadtQuelle hat eigens eine Gesellschaft gegründet, um die Bedeutung hauseigener Immobilien als viertes strategisches Geschäftsfeld deutlicher herauszustellen. Die Gesellschaft Karstadt Immobilien Beteiligung kümmert sich neben einigen weiteren Bereichen insbesondere um das Facility Management. (10)

Weiterführende Literatur

(1) Beim Putzen wird gespart Unternehmen und Staat lagern immer mehr Dienste rund um ihre Gebäude aus / Markt von 51 Milliarden Euro
aus Frankfurter Rundschau v. 22.10.2003, S.15, Ausgabe: S Stadt

(2) Ranking zum FM-Markt
aus GEBÄUDE-MANAGEMENT 10 vom 01.10.2003
Seite 008

(3) Immobiliendienstleister tritt als Totalübernehmer oder Geschäftsbesorger bei größeren Bauvorhaben von Sparkassen auf- Ganzheitliches Konzept Real I.S.- Immobilienentwicklungen auf Erfolgskurs
aus Die SparkassenZeitung, 12.09.2003, Nr. 37, S. 13

(4) Betriebskosten-Management für Sparkassen
aus Immobilien & Finanzierung - Der langfristige Kredit Nr. 17 vom 01.09.2003 Seite 610

(5) Frage an Christoph Slabik und Bernd Jacke - Welche Kostenvorteile kann Facility Management für Mieter und Eigentümer erbringen
aus Immobilien & Finanzierung - Der langfristige Kredit Nr. 17 vom 01.09.2003 Seite 606

(6) Capelle, Dieter, Entdecken Sie den Unterschied, Scope, Heft 8, 20.08.2003
aus Immobilien & Finanzierung - Der langfristige Kredit Nr. 17 vom 01.09.2003 Seite 606

(7) Die Helaba in Thüringen: Anker in der Region
aus Zeitschrift für das gesamte Kreditwesen Nr. 19 vom 01.10.2003 Seite 1088

(8) Kübler, Claude L., Gesamtheitliche Sichtweise das A und O, HandelsZeitung, 24.09.2003
aus Zeitschrift für das gesamte Kreditwesen Nr. 19

vom 01.10.2003 Seite 1088

(9) Auf dem Weg zur Spitze
aus GEBÄUDE-MANAGEMENT 10 vom 01.10.2003
Seite 014

(10) Sparen durch Managen Nur wenige
Unternehmen nutzen die Potenziale ihrer Portfolios
aus Financial Times Deutschland vom 02.10.2003,
Seite BE6

(11) Trendstudie Facility Management - Kritische
Nabelschau
aus Maschinenmarkt Facility Management Nr. 05
vom 15.10.2003

(12) Neuer Markt für Vertragsgestalter Deutsche
Unternehmen und Großkanzleien stürzen sich nach
britischem Vorbild auf das Geschäft mit Public-
Private Partnerships. Das juristische Problem liegt
zwischen Zivil- und öffentlichem Recht
aus Financial Times Deutschland vom 05.08.2003,
Seite 30

(13) Ausschreibungen mit 70 000 Einzelpositionen
aus Frankfurter Allgemeine Zeitung, 21.08.2003, Nr.
193, S. 44

(14) P&G vergibt Dienste global
aus Lebensmittel Zeitung 36 vom 05.09.2003 Seite 062

Impressum

Facility Management

Bibliografische Information der deutschen Nationalbibliothek

Die Deutsche Nationalbibliothek verzeichnet diese Publikation in der deutschen Nationalbibliografie; detaillierte bibliografische Daten sind im Internet über http://dnb.d-nb.de abrufbar.

ISBN: 978-3-7379-0154-3

© 2015 GBI-Genios Deutsche Wirtschaftsdatenbank GmbH, Freischützstraße 96, 81927 München, www.genios.de

Alle Rechte vorbehalten. Dieses Werk ist einschließlich aller seiner Teile – z.B. Texte, Tabellen und Grafiken - urheberrechtlich geschützt. Jede Verwertung außerhalb der Grenzen des Urheberrechtsgesetzes bedarf der vorherigen Zustimmung des Verlags. Dies gilt insbesondere auch für auszugsweise Nachdrucke, fotomechanische Vervielfältigungen (Fotokopie/Mikroskopie), Übersetzungen, Auswertungen durch Datenbanken oder ähnliche Einrichtungen und die Einspeicherung und Verarbeitung in elektronischen Systemen.